當時不了解，
現在才明白的30歲心情

30歲可以
是大人嗎？

金鎮率（Ninakim）圖・文
陳品芳 譯

同感推薦

(依來稿順序排列)

學會放過自己

出社會開始工作後，對於作者遇到的各種情境真的太有感觸（淚），「放過自己」是目前我們最需要學習的課題啊……

—— 社畜初心者 少女阿妙

享受平凡帶來的樂趣

30歲前一兩年，常覺得自己是個不及格的大人。對工作感到疲乏、感情碰壁，心中累積很多失落……。「當時不了解，現在才明白的30歲的心情」作者這句話，正是我的心情，現在30好幾的我，開始能享受平凡帶來的樂趣！作者用輕鬆的圖文點醒我，用心感受當下，請用舒服的步調過生活吧！

—— 圖文創作者 帕帕珍

30歲的問題，留給30歲的我來煩惱

《30歲可以是大人嗎？》插畫可愛，故事也非常有趣，更體現了時下社畜的生活與煩惱。看著會不禁思考—— 30歲的我會是如何呢？會因職業倦怠，亦是步入3字頭而有所改變嗎？這問題還是留給30歲的我來煩惱吧！

—— 圖文作家 吉娜

為什麼要在30歲時，強迫大家變成同一種人呢？

　　哈囉大家好，我是帽帽。在社會風氣與長輩傳統觀念的渲染下，「30歲」似乎成了一道枷鎖，市面上更是充滿了許多「30歲前要學會的事」等資訊，好似沒準備好的情況下，我們將會在30歲的洪流中遭到淘汰。準備讀這本書的時候，我先入為主很多想法。30歲對我來說最大的不同是，我不再問「為什麼」，我開始為後輩解答他們的「為什麼」。我已經從充滿疑惑，到會解決問題，甚至開始輸出自己的想法回饋後輩、回饋社會。但當我讀完這本書之後，我又有不一樣的想法。每個人都是獨立的個體，生活經歷、成長過程都有些許的不同，那為什麼要在30歲時，強迫大家變成同一種人呢？

　　我想分享作者在書中提到的一段話「你現在該不會正用亂糟糟的腦袋艱困地思考那些無法解決的事情吧？乾脆大喊一聲『今天就到這裡！』」，我常常腦袋混亂、壓力大時，就不會強迫自己繼續工作，不用「今日事今日畢」，好好休息，讓明天的自己有更充沛的能量解決問題。我想，不再被30歲的枷鎖綑綁、學會幫自己減輕壓力，我們不一定會成為大人，但我們可以成為更好的自己吧！

——網路插畫家 帽帽Hatto

序

×

接到提案說要做這本書時，剛好是我正要踏入30歲的事。

「我做得到嗎？」「我能做出一本好書嗎？」

擔憂瞬間湧上心頭，但同時也因為覺得這會是個有趣的工作而感到悸動。

因為我才剛邁入3字頭，所以也無法完整描述30多歲的人是什麼樣的心情，但希望這本書能夠帶給大家一點安慰。

很久以前就在想像30歲的樣子，其實跟現在的我很不一樣。想像中的我是個能迅速解決所有問題的職場女性，而現在的我則是個經常失誤，對許多事仍懵懂無知的人。

就像20多歲的我一樣，邁入3字頭的我仍然是個成天幫自己找煩惱的人，會為對方的行為賦予眾多意義，也容易因此受傷，是個很敏感的人。

我喜歡有點沒品味的冷笑話，被戳中笑點的時候，會捧腹大笑到流淚不止、幾近昏厥；也會看到電影主角死掉時放聲痛哭，甚至在看不倫劇時還會緊張到屏息以待。比

起自己做飯吃，更喜歡別人做飯給我吃，是一個仍然想被照顧的30歲女子。還會嚷嚷著很想念媽媽的擁抱，是個像小孩一樣的大人。

　　若要說有什麼不同，應該說是有了解決眼前問題的能力嗎？啊，酒量也進步了一點，而且現在也成了比較會注意健康的人了。（酒量進步但卻注意健康的人……這話聽起來很矛盾，但是是真的！）

　　邁入30歲之後，發現自己笑的機會比以前少，不過也不是完全沒有開心的事。點開一部新的劇來追，同時摸著用全世界最舒服的姿勢睡覺的狗狗麻糬的肚子，一邊啜飲啤酒，就會讓我感到無比幸福。從某個角度來看，30歲應該有30歲的魅力吧。

　　所以我很期待剩下的3字頭人生。

　　大家也期待一下自己的3字頭吧，即將上映！

目錄

×

PART 2

30歲的日常

就算十位數改變，其他的仍沒有變

PART 3

30歲的愛

現在也差不多該習慣了

哈…

嘿！
下次有機會再…

PART 4

30歲的關係

雖然還在適應中

PART 1

30歲的一些事

咖啡因在我的血管中流淌

「曾經想成為社長的秀智，
卻成了被社長呼來喚去的公司職員。」

—連續劇《今生是第一次》

當時是那樣的

明天

是最終面試的日子

我跟老虎組長兩人一起跑外勤
車內沒開廣播、也沒放音樂，安靜得不得了
我的肚子好像發出咕嚕嚕的聲音……

救命啊！

工作中……

可以逃避
就要逃避到最後

你現在該不會正用亂糟糟的腦袋
艱困地思考那些無法解決的事情吧？
乾脆大喊一聲「今天就到這裡！」
然後暫時停下來，也是個方法喔
相信明天的自己，今天就到此為止！休息吧！

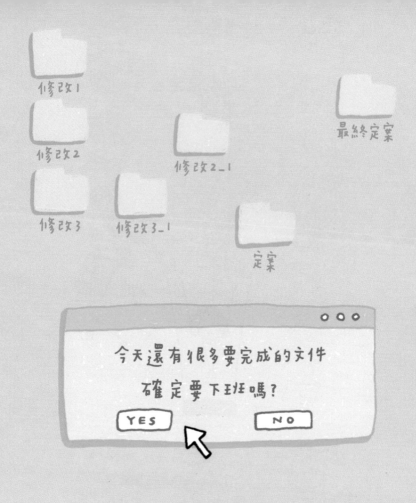

啊～不管了啦！

雖然很不放心，但還是下班吧！

最終定案

真的定案

啊……眞的不想去。

眞的眞的很不想去。

可以的話眞的不想去！

難怪今天感覺很微妙～

到底要找什麼藉口才能夠不被發現又很自然呢？

跟社長的聚餐時光。

（等……等一下，暫、暫、暫停！）

「如果我以後再喝酒的話……！」

真恨昨晚那個拚命喝的自己，
我是不是忘記自己已經30歲了？
是熬夜一天就要休息兩天的30歲啊……

偶爾當個尖銳的人

一直聽喜歡說他人壞話的前輩說話
真的讓人心情很不好
但偶爾還是會因為當天的心情
而同意前輩所說的話

實在不需要這樣附和他的啊……

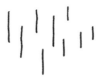

「妳昨天怎麼都沒聯絡？」
「金代理！是不是跟妳說了會議室的燈要關掉？」
「天啊，怎麼可以遲到五分鐘？」

這些來自四面八方，不安好心眼的話
都會讓一些小問題變得很嚴重
要是平常，應該都能一笑置之的說

在組長面前忍耐
在公司前輩面前忍耐
在朋友面前忍耐
偶爾還會被我們家的小狗看不起

我現在決定不要再忍了！

「爲什麼只傷害我？
我感覺很差耶？！」

忍耐也要
適可而止

把心裡的話全部都說出來。
　　啊～好痛快啊～！

只要這不是夢就一切完美了說……

一張紙的迫切

期待兩個星期
從國外購買的運動鞋終於寄到了！

椎間盤突出又復發了
下班之後得去一趟醫院
一想到沒有人能聽我抱怨自己生病的事
就覺得有點心酸

明天開始我要成為健康的人！
身體健康、心靈健康都要照顧好

（等等……這有沒有包含在保險實支實付裡啊？）

薪水就這樣一閃而逝！

　將薪水倒入破了的甕裡
這種情況眞是令人笑不出來
但卻只能哈哈哈一笑置之！

過著
符合個人身分的
生活吧

物價漸漸上漲，但爲什麼我的薪水卻始終沒漲？
究竟爲什麼不管怎麼買，都還是有買不完的東西？
街頭到處是滿滿的公寓和汽車
爲什麼沒有一樣屬於我？

我們悲傷又可笑的現實
（難道只有我這樣嗎？）

但又只能哈哈哈笑著去買樂透～

星期一
星期二
星期三
星期四
星期五
星期六
LOTTO
2×××回
發行日 20/××/×× (一)
開獎日 20/××/×× (六)
A組 01 12 37 69 55 13
B組 21 02 67 19 52 25
C組 49 33 03 17 37 60
D組 35 65 40 41 07 22
E組 57 14 57 61 49 08
₩5,000
25
33
9
31
18
6
14

我迫切地祈禱著……
請不要讓我失望。

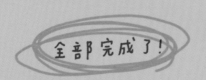

全部完成了！

早上空腹騎
腳踏車30分鐘

整理行程表

跟客戶開會

畫圖

寄送修改過的
郵件

吃炸雞配啤酒

這些也都會⋯⋯過去吧⋯⋯

至少今天
把該做的事情都做完了！
（以前總是會有一、兩件事沒做完⋯⋯）
現在只要大口吃炸雞配啤酒就完美啦～

今天的我
眞～是太棒啦！

加班結束！下班！

RRRRR

是，組長！

我剛要下班……

咔拍！

正在準備下班時接到組長的電話

到底⋯⋯該不該接？

（大家千萬別煩惱，絕對別接～絕～對～）

漆黑一片—

同事突然缺席

工作堆得像山一樣高

也因此我獨自留下來加班

但看了同事的社群，發現他正悠閒地看電影？

我好生氣……

我好生氣！氣死了！

今天是有點累的一天
下班時想讓自己輕鬆點，於是搭了計程車
但卻遇到一個個性有點火爆的司機
這時候會讓我想「砰！」用力摔上門

司機先生！車上有客人好不好～！
又不是只有你一個人在這台車上！

疲憊的30歲

經過兩年的挑戰，終於進到這間公司來了
但開始上班之後，卻發現這份工作似乎不太適合我
可是現在要去找新的工作好像又太遲……
覺得好浪費之前那些時間
我該怎麼辦？

好煩惱，好孤單……

這是整天被工作纏身，非常敏感的一天
我會莫名對同事感到不耐煩
會找他們的麻煩、對他們生氣
回到位置上拿起鏡子想補妝
卻發現脾氣都寫在自己的臉上

突然好懷念我那不經修飾、單純，
掛著兩條鼻涕的少女時代……

家→公司→家→公司，不斷重複

我的人生好辛酸……

明天一大早要開會，但我卻睡不著……

現在已經凌晨三點了……

準備了一個月的計畫最後失敗
我明明很認眞準備的說……

我努力的時間與熱情
都蒸發到哪裡去了呢？
好空虛，眞的……

煩死了

吃東西也煩

更懶得出去玩

最討厭公司

現在什麼都不想做

但這樣又好不安……

難道我是倦怠症嗎？

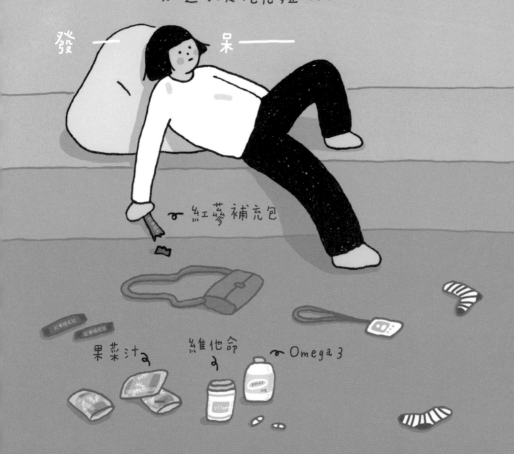

人生最無趣的時期來臨

喪失食慾、喪失熱情、喪失精力

喪失的時代唯一能夠填補我的……
好像只有紅蔘、維他命，以及各種營養品？

（要記得補充營養喔！大家吃起來！）

* 倦怠症〔Burnout Syndrom〕
埋頭工作的人因極度的疲勞而感到無力的現象

保重，各位

我決定離開待了三年的公司
現在只要把離職申請交出去就好……
呼……緊張死了
但還是要抬頭挺胸地交出去！

再見了，各位！

我要斷開這世上的所有枷鎖與束縛
去尋找自己的幸福了！

離開了極度厭倦的公司
整理完個人用品之後回家時
才意識到要跟每天走的這條路說再見了！
本以為今天會是個喊著「喔耶！」大肆歡呼的愉快日子

但卻覺得莫名有些感傷……
過去的時間跟回憶，應該會留下什麼吧？

離開待了好久的公司，準備去國外旅行
第一個想去的地點是西班牙巴塞隆納！
我已經訂好足球賽門票，還預約了高第之旅！

距離向前邁進還有一星期！
啊，好興奮！
（話說回來，退職金應該要趕快進來啊！）

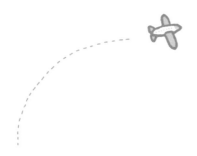

大家都在上班的星期一
而我卻在溫暖的國度唷！

都開心地哼起歌了呢～
啦啦～

PART 2

30歲的日常

就算十位數改變，其他的仍沒有變

「我們似乎不需要拘泥於自己的年齡，
只要這樣好好克服每一次困境，
就已經夠成熟、夠30了。」

——連續劇《雖然30但仍17》

自己一個人喝啤酒最棒

星期六下午兩點

我還躺在棉被裡

現在該點辣炒年糕外送了

我冰箱裡還有啤酒嗎？

吃完年糕之後還要再吃甜點！

耶嘿～

星期日早上
把堆積如山的碗洗乾淨
久違地洗了棉被
還把房間打掃了一遍，竟然才下午兩點
悠閒地洗個澡，再喝一口啤酒

眞是人間美味！

天啊，我的手機!!!!

拜託　拜託

拜託

讓人無言的每一天

應該要在盒子裡的東西不見了……

街上的鴿子們……

拜託不要再靠近我了啦

拜託～Please～！

我去了銀行

雖然已經預期人會很多

沒想到居然拿到37號……

我到底要等多久啊？

我要買晚上八點的車票
但現在才發現我買成早上八點…

沒有一件事如我的意！
我難過得要死了！

苦澀的世界

～～～～～

—沒事吧？
—嗯！我沒事！

我們每個人
似乎都活在不斷欺騙自己的世界裡

即使有事也要平安無事地度過每一天
眞是個苦澀的世界

I'M OKAY
NO PROBLEM

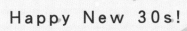

Happy New 30s!

Merry Christmas!

CHICKEN

聖誕節獨自吃炸雞

哎呀……眞是苦澀的滋味

Tie up Time!

無情流逝的時間真是太不近人情了！
如果可以把時間關起來那該多好？

面無表情～

今天是新年第一天……

也就是說是一月一日對吧？

凌晨就開始咳嗽、流鼻水
現在全身燙得像火爐
雖然吃了退燒藥，但都沒有用
自己一個人住就是這點不好

啊……好想媽媽喔。

心頭一沉！

開車時有隻貓突然衝出來，害我差點撞到牠
幸好我的運動神經很發達
才能緊急踩下煞車！

真是謝天謝地，真的！

(話說回來，貓應該也嚇到了吧

牠有安全回到家吧？)

喵嗚～

這就是幸福啊

三年來一點一點累積的定存終於到期！
這段時間這麼認真生活真的有回報！

今天晚上要到外面吃大餐！

今天是領回定存的星期五

明天是週末，今天要不要好好瘋一下？

爽快地點了四人份的五花肉和兩瓶燒酒

然後在肉稍～微烤熟的時候，再加點冷拌麵！

夾一塊厚厚的肉去沾油鹽醬

再用酸酸甜甜的冷拌麵裹住肉塊

放一片蒜頭，配一杯燒酒，一口！下肚……

這就是人生啦～

這就是幸福！

真不滿意……

或許無法繼續遵守的約定

圓滾滾的鬆軟肚肚

鬆垮的手臂

我以前明明沒有胖成這樣啊

到底是從哪裡開始出問題的？

就算出了什麼問題，這也太誇張了吧！

今天起重新開始減肥！

要瘦，要瘦⋯⋯

我真的要減肥

站上體重計這件事
太可怕了啦⋯⋯

不⋯⋯
那不是我的體重
絕對不是⋯⋯

yesterday PM 10:00

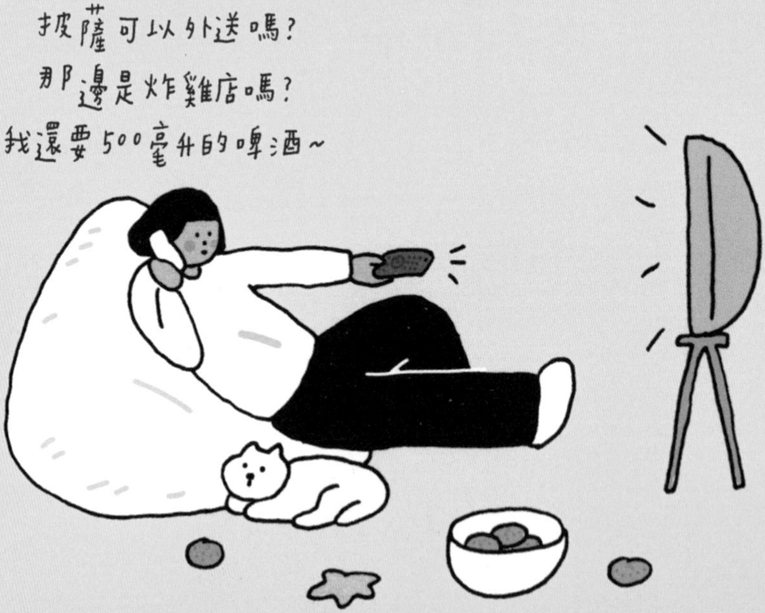

沙發就是我～
我就是沙發～

刺激！超棒！

下班後我在家附近的河邊慢跑
一邊看著漆黑夜空中閃爍的大樓燈光一邊跑步
感覺雜念都消失了，身體變得很輕盈
雖然每次都要承擔呼吸急促、上氣不接下氣的痛苦
但只要一～直忍耐下去，不知不覺間就能跑完五公里！

感覺超越我自己的極限！
好刺激！

休呼呼呼～

單片保濕面膜

Oh! My Cooling Step No.6

1. 洗澡

2. 開電風扇

（要隨意地用腳趾頭按開關！）

3. 拿出放在冰箱裡的片狀面膜

4. 面膜敷到臉上，擺出最舒適的姿勢

（剩餘的精華液則要塗抹到全身！）

5. 喝一杯加滿冰塊的「冰美式」

6. 今天的疲勞都咻～瞬間飛走！

防彈少年團 UN 演講 (Full)

觀看數 226,0X0次 200X. X. 09

Ⓝ 真是感動⋯⋯要流淚了⋯⋯超棒！超棒！超棒！

Ⓘ RM雖然年輕, 但令人尊敬～

Ⓐ 一邊聽一邊感動 T_T 最棒的偶像! 好驕傲！

偶然看到韓國的偶像團體
在國際組織演講的影片
真的好厲害！好帥！好迷人！
同是韓國人這點真的讓我好驕傲

真是帥斃了！

好的開始

今天早上
終於成功大出來了！

喔！上帝啊，謝謝祢！

今天的重點

看書時發現了喜歡的句子
我畫線做了重點，也把句子抄在筆記本上
要時不時拿出來看～！

PART 3

30歲的愛

現在也差不多該習慣了

「我的腦袋很好、手臂很健壯，膝蓋也很強壯，
只有心一點都不堅強。」

—連續劇《浪漫的體質》

愛情，那是……

一直想見面、好奇對方在做什麼、想牽手……
只要看到那個人的臉，就會莫名地笑出來

這就是愛嗎?!

「聽說今天會下雨，要帶傘喔！」
「明天日夜溫差大，記得多帶一件衣服！」

你的細心、溫柔的關心，真的好美麗
我也要把這份美好的心意傳達給你

再來一碗！！！

你像個孩子一樣
開心地吃著我做的菜
那個樣子讓我不自覺笑了出來

啊，好滿足喔！
下次要做什麼給你吃呢？

啾一嗚一

跟你在一起，做什麼都好！

我們之間曖昧不明的關係

看著你那張
因為女團而笑開懷的臉
一方面覺得能理解……
一方面又好嫉妒……

聚餐結束後再跟妳聯絡

好，別喝太多喔～

不是說會跟我聯絡嗎

都不知道我一直在等電話嗎？

真是討厭！討厭！討厭！

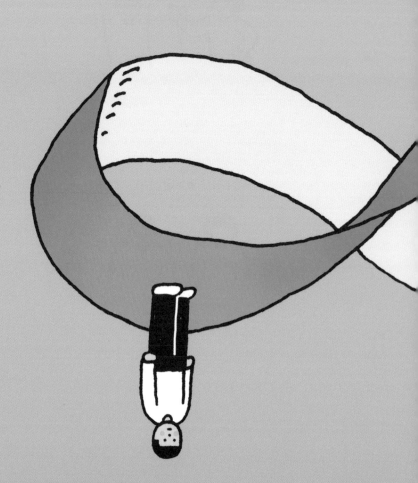

同樣的問題不停發生
我們這樣真的可以嗎？
這樣下去……真的沒問題嗎？

好煩，快要瘋了。

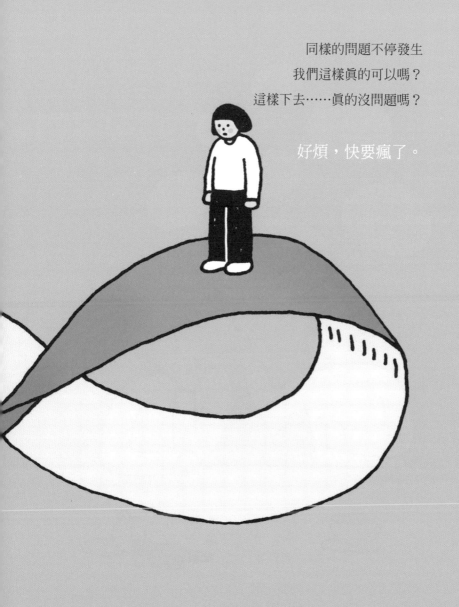

只要我放手，我們的關係似乎就會結束……

我好害怕、好擔心

我們好像只能到此為止了……

我知道我們之所以分手
並不是因爲任何人的錯
而是因爲我們彼此間的差異
已經預期會分開，所以才接受了這件事
好像沒有想像中那麼難過
只是覺得過去共度的時光很可惜而已

我想錯了嗎……？
我很難過嗎……？
我還能夠再跟誰交往、再愛上誰嗎？

是我太煩了嗎？

「誰討厭我，我就也討厭他！」
其實只要這樣想就好了……
其實只是「看來我跟他沒緣分」
這樣想就能簡單帶過的問題……

實在沒有必要失去自我
每天都在糾結這件事……

翻滾一

好鬱悶……
平時愛喝的咖啡也喝不下
可愛的麻糬雖然陪在我身邊

但還是好鬱悶

硬是留住心已不在這的人有什麼用！
從現在開始別留戀了！
真的、真的，徹底結束了！
世界上還有很多男人！

Bye-
Bye-

咔嚓！剪斷吧（我的煩人）

我剪掉留了好久的頭髮
就像剪掉的頭髮一樣
鬱悶糾結的心好像也煥然一新

哈～好舒爽！

（我也該放下你繼續前進了！）

這次會對嗎？

就算參加聯誼，也會很尷尬……

（但該做的還是要做！）

本以為這次會成功
感覺很不錯的說
沒想到又是一場空

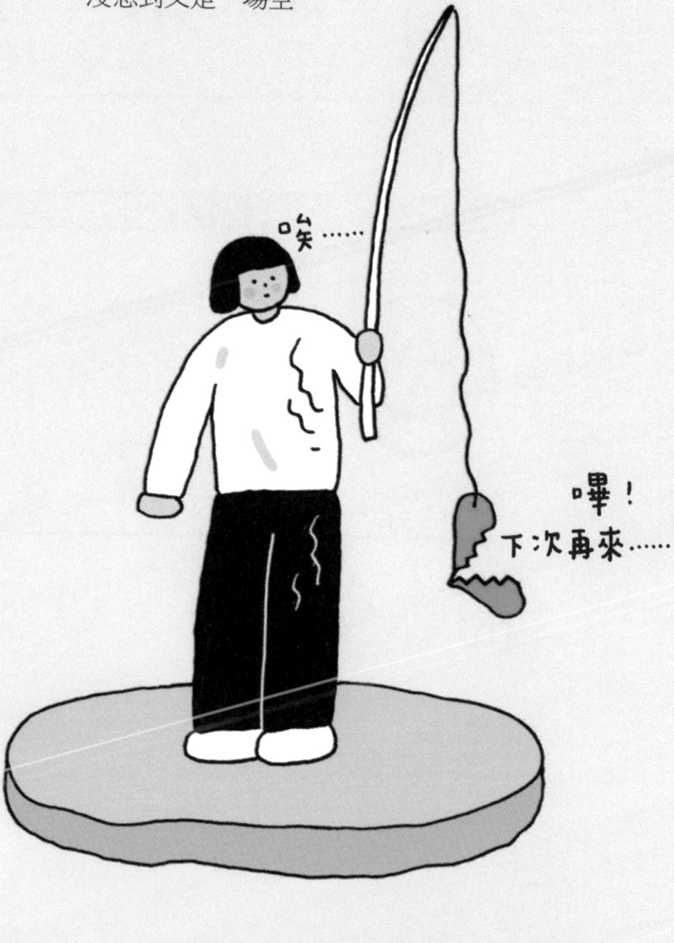

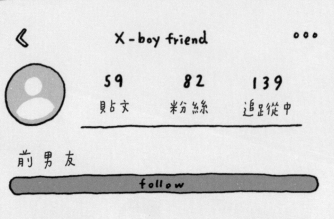

X - boy friend

59	82	139
貼文	粉絲	追蹤中

前男友

follow

此帳號不公開
追蹤這個帳號即可查看對
方的相片和影片。

我不好奇（其實很好奇）

我到底 看了什麼！

你的帳號改成不公開了……
沒有我的日子，你仍然過得很好嗎？

我過得很好，混蛋！
我們各過各的，好好生活吧！

我在刷社群

看著陌生人多采多姿的日常生活

突然有點好奇

「那個人也會有什麼煩惱嗎？」

（原來世界上還有很多人過得比我更好

難道大家都出生在有錢人家嗎……？）

本以為我已經很懂了

我到底是為了什麼
才拚命奔跑到這裡？

我很認真地一直一
直往上爬耶……

對自己感到非常
抱歉的日子……

因爲不擅長拒絕而感到痛苦
偶爾會希望自己在他人眼裡是個好人
所以經常會爲別人，而不是爲自己做選擇

今天也一直在看別人臉色
實在說不出我真正想說的話
總是畏畏縮縮、看別人臉色，真討厭這樣的自己

就連我自己都對自己沒信心
感覺好悽慘、好羞愧

要做的事堆積如山，但事情卻不太順利，讓人很不安
考試前一天擔心會出錯，讓人很不安
對未來沒有信心，讓人很不安
每天都像在原地踏步，這樣的現實讓人很不安
有時候只是因為太幸福了而讓人很不安

那些不安總是隨時隨地隨侍在側
我們都是不安的存在！

我為什麼會是這副德性、
這個樣子呢？
實在是一事無成
成天不斷犯錯
感覺好像只會給人添麻煩……

沒關係，至少

摸頭一
摸頭一

常常犯錯又怎樣？
闖幾次禍又怎樣？
沒關係，沒關係！

你的身邊
肯定也有人喜歡這樣的你！

空虛的
人們

人人都曾經因為各自的緣由
而產生十分空虛的感覺吧？
這時候不要想盡辦法填補空虛的心
放著不管也是一種方法
就張開嘴巴深吸一口氣

呼嗚嗚嗚～吐出來

就會感覺好一點喔！

她居然有男友?
我都沒有……

她的人生過得好快樂喔
哼…… 好羨慕……

Let's go!

那會有點困難喔,
再麻煩您調整一下時間,
好的～

她的個性好果斷喔,
跟我不一樣……

從今天開始練習愛自己

感覺好像自己在耗損自己……

究竟是爲了誰在比較？

不要再比較了！

現在的我必須愛我自己！

呼呼嗚嗚～

三小時不間斷地走，終於到了山頂！
雖然有兩次差點放棄，但我克服了
山頂上看到的自然景觀眞的好美！

想到我做成功一件事
就覺得好激動！

想法變得複雜時，我會冥想
盤腿坐下，靜靜閉上眼睛之後
心煩意亂的感受馬上就會消失

今天要給我的心
一點休息的時間

PART 4

30歲的關係

雖然還在適應中

「一到30歲就是大人了啊。

變成大人之後要做什麼?」

──電影《致我的30歲》

滿是「呵」的時間

工作一直很順利的朋友
突然說要準備考公務員
經過幾次落榜之後
終於傳來她考上了的消息

恭喜，我的朋友！
希望妳的未來開滿燦爛的花！

下班之後跟住附近的朋友見面，在便利商店喝啤酒
最近一直加班，覺得實在很累
但跟朋友見面閒聊，卻有種充電的感覺

有個總是能讓我開懷大笑的朋友
真是一件不可多得的好事！

「我昨天⋯⋯在酒館把要『爐子』聽成要『電話』
結果就把我的電話給對方了啊
哈哈哈哈哈哈哈～」

親愛的朋友，妳的人生就是一場情境喜劇
只要跟妳見面，我就能笑個不停
到老都要當好朋友，我們的友情Forever！

譯註：韓文中「爐子」與「電話號碼」的發音類似。

187

唉唷，不管了啦

逢年過節親戚聚會

早餐吃到一半，大家突然開始關心起我的事

哇⋯⋯我好想回家⋯⋯

但是這裡就是我家啊⋯⋯

* 見興多教：見到你很高興，請多指教。　　** 日免上G雞：晚上去(Go)吃炸雞。

有外送 APP 就能雜世舒活!

想跟好久不見的表弟聊天

必備網路搜尋

還可以選擇假裝自己很懂

＊雜世舒活：

在複雜的世界上過著舒服自在的生活。

〈好久不見的學校同學〉

姊妹們，我決定跟
我男友結婚了！

天吶阿，恭喜！！！
啪啪啪啪啪！！！

其實我……也有
個好消息～我懷
孕第八週了！！！

哇，好棒！！！

吸氣呼氣，都是一口氣

一個人又怎樣！

人生本來就是孤獨特攻隊！

我要好好過自己的生活

直到自己　　　　失智失能為止！

呼～

無法真心誠意地為朋友們的好消息開心

別人的幸福對我來說，就像延宕已久的作業

＊孤獨特攻隊：

指自己做決定、獨自處理所有事情，或是指稱那樣處世的人。

不明所以的孤獨感

聊天聊了一整天

吃了很多美食

喝了咖啡

雖然覺得「啊，今天真的很開心」

但馬上又覺得孤獨

該不會只有我這樣吧？

在幹嘛？要去咖啡廳嗎？

要不要去逛街～

今天要不要去便利商店喝啤酒？

當時為什麼會吵架？

我今天跟公司同事約好了T_T

下禮拜再去吧

我今天有點累……

朋友之間也會有單方面付出的情況
都是我主動聯絡、我主動靠近……
次數一多就會覺得有點難過
表現出來會覺得自己很小氣，所以一直藏著不說
結果哀怨的感覺像雪球越滾越大
後來變得像石頭一樣堅硬無比

所以我們之間的關係變得比陌生人更不如
時間一久，開始忘記彼此的存在時
又會突然想起對方，那個我有段時間很喜歡的朋友

「等等……我當時為什麼會跟他吵架？
他過得還好嗎？」

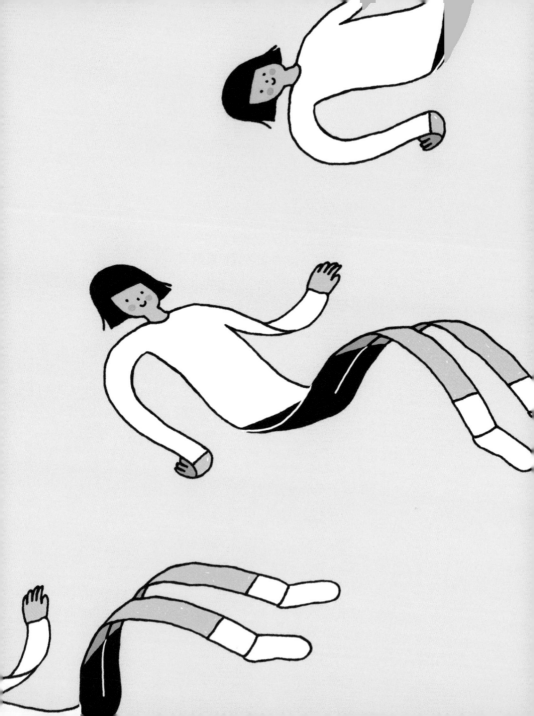

鼓起勇氣跟尷尬了一段時間的朋友聯絡
聊過之後發現有很多對彼此的誤會
在主動踏出一步和解之前，我猶豫了很久
但實際做了之後發現沒什麼耶！

今天終於可以放心睡個覺了
沉重的心情都變得輕鬆無比！

全世界最可愛的家人

出門散步時，麻糬總是走五分鐘休息十分鐘
只有吃零食的時候才有反應
牠變得越來越胖，現在5.9公斤，但還是很健康
到了晚上打呼就會打得比人還大聲
超可愛的麻糬在我要外出時，牠總會立刻察覺
然後跟在我後面不肯離開
我們回家去洗澡吧！

麻糬過來嘛～
真的會給你吃啦！

走在路上，收到一張協尋愛犬的傳單

主人焦急的心情
木木在路上徘徊的心情
都讓我好難過

走失的木木到底在哪裡？
希望牠能平安回家

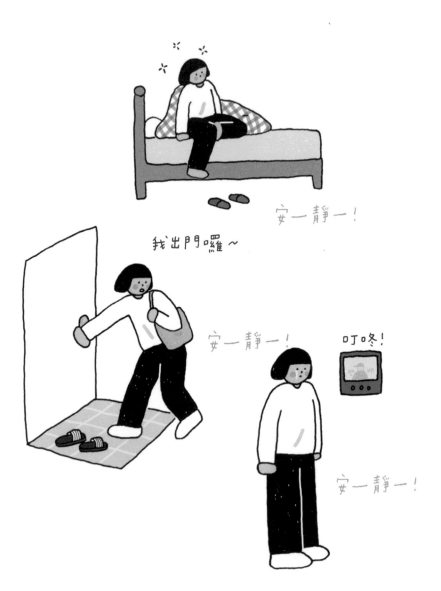

麻糬啊

有時候我會想像沒有妳的世界

沒有妳的床舖、沒有妳的玄關、沒有妳的世界

感覺好～空虛，姊姊應該會很寂寞

所以妳要像現在這樣，一直一直待在姊姊身邊喔！

姊姊真的很愛妳～

［訃告］

故〇〇〇 已於日前與世長辭，
特以此訃聞通知。

喪主
〇△△，〇△口，〇△✡

(今天) 下午3:41

幾行的消息

叮咚一

接到通知說朋友的媽媽過世了……

震驚到完全平靜不下來

連我都這麼慌張了

朋友的心情會是怎樣呢……？

是真正的大人呢

參加朋友的結婚典禮

以及看著她的父母親

為什麼我會感到鼻酸⋯⋯

好久沒跟朋友見面
沒想到妳已經是一個四歲小孩的媽了……

感覺完全變成大人了呢！
我會一直為妳加油！

（要是我有成功跟初戀結婚的話……）

所謂的家人

我看見一個孩子，走在路上突然跌倒
她的姊姊在一旁藏起慌張的神情說：

「跌倒也沒關係，姊姊幫妳。
妳站得起來吧？」

摸著疼痛的膝蓋起身的孩子
以及幫忙把衣服上沾到的泥土拍掉的姊姊

從這兩個小孩子的身上
久違地感受到模糊記憶中家庭的溫暖

.

每天都讓人感激又抱歉的人

身邊能有一個

無條件相信我的人

真的是讓人很感激的事！

毫無意義地對媽媽發洩情緒
其實根本不需要氣成這樣
等等要去買媽媽喜歡的黃桃
啊！還要買蘋果！

不知不覺斑白的頭髮

臉的皮膚粗糙且沒有彈性

滿布皺紋的手

看著爸爸越來越小的背影

就能感覺到爸爸經歷的疲憊歲月

年輕時的爸爸⋯⋯

明明有著比我更寬大的肩膀

我在地鐵上看到一對牽著手、嘰嘰喳喳地聊天的母女
於是我也想起在天上的媽媽
這段時間一直都沒有特別想起她
今天睡前，要把媽媽那寥寥可數的照片找出來

媽！我好想妳！
我愛妳！

K原創 013

30歲可以是大人嗎？
當時不了解，現在才明白的30歲心情

文｜Ninakim 金鎭率
圖｜
譯者｜陳品芳

出版者｜大田出版有限公司
台北市一〇四四五 中山北路二段二十六巷二號二樓
E-mail｜titan@morningstar.com.tw　http://www.titan3.com.tw
編輯部專線：(02) 2562-1383　傳真：(02) 2581-8761

總編輯｜莊培園
副總編輯｜蔡鳳儀
行銷編輯｜陳映璇/黃凱玉
行政編輯｜林珈羽
校對｜陳品芳/黃素芬

初刷｜二〇二一年六月一日　定價：三八〇元

總經銷｜知己圖書股份有限公司
台北 一〇六 台北市大安區辛亥路一段30號九樓
TEL：02-2367-2044 / 2367-2047　FAX：02-2363-5741
台中 四〇七 台中市西屯區工業30路一號一樓
TEL：04-2359-5819　FAX：04-2359-5493

E-mail｜service@morningstar.com.tw
網路書店｜http://www.morningstar.com.tw
郵政劃撥｜15060393（知己圖書股份有限公司）
印刷｜上好印刷股份有限公司
國際書碼｜978-986-179-628-4　CIP：173.6/110002962

填回函雙重禮
① 立即送購書優惠券
② 抽獎小禮物

國家圖書館出版品預行編目資料

30歲可以是大人嗎？；Ninakim 金鎭率◎圖
文；陳品芳譯.
──初版──臺北市：大田，2021.06
面；公分 .──（K原創；013）
ISBN 978-986-179-628-4（平裝）

173.6　　　　　　　　110002962